SOMMAIRE

CHAPITRE 1

L'astéroïde

« Qu'est-ce que je fais par terre ? J'ai dû m'assoupir un instant… »

Max se replonge avec avidité dans son livre sur la vie des dinosaures quand soudain, une lueur mouvante dans le ciel attire son attention.

« C'est peut-être une météorite ! Rex ! Réveille-toi, tu ne vas jamais le croire ! »

Max entre comme une bombe dans la chambre où Rex dormait encore quelques secondes plus tôt.

Il émerge du sommeil aux cris de son ami Max.

« Max ? Mais qu'est-ce qu'il se passe ?
- Lève-toi, vite ! Je crois que je viens de voir une météorite !
- Une quoi ?
- Il faut que j'appelle Zoé, elle va halluciner ! Dépêche-toi de t'habiller ! »
Max sort en courant de la chambre, pendant que Rex pose lentement un pied par terre.
« J'espère que ça en vaut la peine ! »
Quelques minutes plus tard, les voilà dans la forêt avec Zoé, le dernier membre de leur équipe de choc.
Zoé l'aventurière bâille.
« Tu sais bien que je ne suis pas du matin...
- Tu oublies ce que cet emblème signifie... »
Max exhibe fièrement un pin's doré.
« On forme la D-Team, on a tous prêté serment. Et la D-Team, c'est l'aventure, Zoé, l'aventure ! »
Ils marchent tous les trois dans la forêt et arrivent à

un endroit où les arbres ont été couchés, comme si quelque chose de gros était passé par là.
Max est persuadé d'avoir trouvé le bon endroit.

« Regardez celui-là ! Je vous l'avais bien dit ! Il a dû être heurté par l'astéroïde ! »
Il s'empresse d'aller voir l'arbre abîmé, dans lequel on aperçoit un énorme trou.
« Attention Max, c'est peut-être dangereux !
- Explorer des sites dangereux, c'est le rôle de la D-Team, non ? Le D de D-Team, ça veut dire danger !
- Dingo aussi, ça commence par un D », ajoute Rex.
Max passe la tête dans le trou de l'arbre, les cornes de dinosaure qui ornent sa casquette s'allumant pour en éclairer l'intérieur.
Et là, il met la main sur un étrange objet : une sorte de pierre, grande comme la main, gravée d'un éclair jaune.
Ses deux compères ne sont pas en reste et, eux aussi,

explorent les environs. Rex ramasse une pierre lui aussi.
« Sur celle-ci, pas d'éclair, on dirait plutôt le symbole du vent, dit-il en regardant sa pierre marquée d'un symbole bleu.

- Et sur celle-ci, on dirait de l'herbe ou je ne sais quoi, sa pierre à la marque verte dans la main », ajoute Zoé.

Max examine l'objet sous toutes ses coutures.

« Je me demande à quoi sert ce petit bouton ! » dit-il en appuyant dessus.

La pierre se met à briller d'un éclat jaune, qui bientôt le fait briller à son tour. De surprise, il se cogne la tête

dans l'arbre.

Rex et Zoé s'illuminent eux aussi, bleu pour Rex et vert pour Zoé.

« Qu'est-ce qu'il se passe ? s'exclame-t-elle.

- Je n'en sais rien du tout ! Regardez ce que j'ai trouvé ! »

Max, la tête toujours dans le trou de l'arbre, ramasse deux cartes étranges, qui se trouvaient dans une capsule brisée, non loin de la pierre.

« C'est quoi ? demande Rex.

- Ce ne serait pas un tricératops ? Et l'on retrouve le même symbole que sur la pierre. »

Les trois amis se rapprochent.

Max approche la pierre de la carte.

« Peut-être que les deux éléments forment un tout, allez savoir… »

Passant la pierre sur la carte, ils sont enveloppés d'une lumière jaune éblouissante.

Quand soudain...

CHAPITRE 2
Chomp !

Un tricératops apparaît juste devant eux !
Les voilà nez à nez avec un dinosaure grandeur nature !
Max brandit sa carte et prend ses jambes à son cou, suivi de la D-Team au grand complet !

Cachés quelques mètres plus loin derrière les

arbres, ils analysent la situation calmement et intelligemment...

« Il a pris vie ! s'écrie Max.

- Et il n'a pas l'air content ! ajoute Rex.

- C'est de ta faute, Max, alors arrange ça ! » conclut Zoé, l'air farouche.

Max est désemparé.

« Je ne sais pas comment faire !

- Tu peux peut-être inverser le processus, propose Rex.

- Ah, excellente idée ! »

Max frotte la carte et la pierre avec fébrilité, dans tous les sens et avec beaucoup de mouvements de bras en l'air parfaitement inutiles.

Pendant ce temps-là, le tricératops avance inexorablement vers eux à pas lourds et lents.

Rex s'affole.

« Max, il est derrière toi ! »

Effectivement, de l'autre côté de l'arbre, le tricératops, la gueule grande ouverte, est à quelques centimètres de lui.

Tout à coup, la lumière jaune revient et le dinosaure disparaît, ne laissant derrière lui qu'une carte qui tournoie pour se poser sur la main de Max. Rex s'étonne.

« Où est-il passé ?

- Je ne peux rien affirmer, mais je crois qu'il est

retourné dans la carte, annonce Max.

- Comment est-ce possible ?

- C'était peut-être un hologramme, rien d'autre », avance Rex.

Ce début d'explication ne convient pas à Max qui s'exclame :

« Certainement pas ! Ce n'est pas un hologramme qui a abattu ces arbres ! »

Pointant du doigt la clairière dévastée, il renchérit :

« Ce dinosaure était bien réel. »

Zoé ne sait plus qui croire.

« Mais comment est-ce possible ? C'est grâce à ça ? »

Rex et elle observent leurs deux pierres. Relevant la tête, Rex s'écrie :

« Non, Max, arrête ! Tu vas le faire revenir. »

Max continue tout de même de frotter sa carte avec la pierre gravée.

« S'il réapparaît, je le remettrai dans la carte. »

Un éclair jaune jaillit, la carte s'échappe des mains de Max stupéfait et se pose sur le sol. Et là... À la place de la carte, Max se retrouve face à un tout petit tricératops qui se lève et le regarde, d'un air interrogatif.

Zoé s'exclame :

« Regardez comme il est mignon ! »

Max s'accroupit pour parler au nouveau venu.

« Salut bonhomme, comment ça va ? »

Le bébé dinosaure s'avance et... "CROC"

Il mord le nez de Max, qui le repousse du bras.

« Pourquoi tu me mords ? »

Ce n'est pas une main qui arrêtera la petite bête qui grimpe sur Max et commence à lui lécher méthodiquement le visage.

« C'est bon, on se calme… »

Zoé éclate de rire devant la scène.

« Soit il t'aime bien, soit il a faim !

- Non, c'est un herbivore, ajoute Rex.

- Dites-lui que je m'appelle Max, pas herbe ! »

Max, toujours aux prises avec le « monstre », se débat mollement en riant.

« Eh, doucement, vas-y mollo ! »

"CROC"

« Aïe ! Mais arrête de me mordre !

- Cette fois, tu es tombé sur un bébé tricératops, Max, félicitations ! » annonce Rex en souriant.

"CROC"

« C'est lui qui m'est tombé dessus ! »

CHAPITRE 3

Docteur Z

Ailleurs, dans un autre espace-temps...

« Lorsque l'arène des dinosaures sera terminée, mon but ultime sera enfin atteint ! Et alors, le nom du Docteur Z entrera dans la légende ! Tu y veilleras personnellement, Ed...

- Vous pouvez me rappeler l'orthographe de votre nom ? » demande Ed.

Planté devant un écran où évoluent des tyrannosaures dans une arène virtuelle, le Docteur Z tente de savourer son triomphe, avec difficulté.

« Réfléchis un peu, Docteur Z, ça s'écrit avec un Z !

- Bien sûr, un Z majuscule ou bien… ? »

Ed a raison de poser la question, son patron a l'air plutôt pointilleux.

« Bien évidemment ! Mais pourquoi n'y a-t-il que des tyrannosaures dans l'arène ? Je veux toutes sortes de dinosaures !

- Je n'ai pas eu le temps de télécharger d'autres espèces », répond Ed.

Cette réponse n'a pas l'air de plaire au Docteur Z, qui s'enflamme littéralement !

« Dans ce cas, je te conseille de t'y mettre tout de suite ! Mon but n'est pas de devenir le roi des tyrannosaures !

- Je le sais, Docteur Z. Votre but, c'est de devenir le roi de tous les dinosaures ! »

Ed prouve là qu'il a bien compris le pourquoi du comment, seulement, un détail l'inquiète.

« Je croyais que le minimum, c'était d'être un dinosaure, pour être le roi des dinosaures, c'est ce qu'on m'a dit !

- Qui a dit ça ? demande le Docteur Z.

- C'est Ursula », répond Ed.

La suite de la conversation se perd dans une course effrénée quand un tyrannosaure, qui passait dans le coin, explose le mur et l'écran et commence à poursuivre le Docteur et son assistant à travers la jungle.

« Au secours, à l'aide ! Il y a un tyrannosaure qui me court après, faites quelque chose ! »

Courant à perdre haleine, ils débouchent sur la plage jouxtant la jungle dans laquelle ils se trouvaient.

Ursula et Zander, qui s'y prélassaient, regardent passer le Dr Z et le tyrannosaure. Perplexes, ils l'écoutent hurler et invectiver le dinosaure qui répond en ouvrant une gueule pleine de dents. Près d'eux, Laura, une sorte de télécommande à la main, sourit et demande à Rod, son frère :

« À ton avis, jusqu'où je peux aller ?
- À ta place, j'arrêterais tout, je ne suis pas sûr que ça le fasse rire ! »

En effet, le Dr. Z n'a pas l'air de rigoler, il court sur la plage, complètement affolé en tentant de convaincre le dinosaure qu'il ne vaut pas tant d'exercices ; le dinosaure qui, soit dit en passant, n'a pas l'air de prendre en considération les vociférations de la petite chose blanche et poilue qu'il tente d'attraper.
« Va-t'en, sale bestiole ! Tu ne vas quand même pas me manger ! Regarde-moi, je n'ai que la peau sur les os ! »
Pour montrer qu'il a à coeur la santé du dinosaure, il ajoute des conseils nutritifs à son plaidoyer.
« Ce n'est pas comme Ed ! Il a de la réserve, il mange bien à la cantine ! Avec lui, il y a de quoi nourrir une famille de quatre personnes ! Au secours ! Je ne veux pas être le déjeuner de ce dinosaure ! »

Tout le monde observe ce petit manège sagement. Laura appuie sur un bouton de sa télécommande et là, le tyrannosaure gigantesque se transforme en un adorable modèle réduit. La proie, à terre, sent sa dernière heure arriver quand le dinosaure se jette sur son dos pour lui tirer la barbe et la grignoter.

Le Dr Z se tourne et constate le changement.

« C'est toi ? Ça suffit ! Lâche-moi ! »

CHAPITRE 4
Saucisses ou choucroute ?

Après une courte lutte, le Docteur Z réussit à repousser la bête. Tout le monde sur la plage éclate de rire à la vue du Docteur terrorisé par une si petite chose. Le Docteur, lui, ne rit pas.

« Est-ce que vous vous payez ma tête ? »

Ursula répond avec esprit.

« Ce n'est pas dans nos moyens, Docteur. »

Zander retient son rire à grand-peine. Ed, l'air désolé, prend Zander à partie.

« Vas-y, dis-lui...

- Dis-lui, toi ! »

Le Docteur n'apprécie pas vraiment ces cachotteries.

« Mais qu'est-ce qui vous fait rire ? »

Rod décide de mettre fin aux messes basses.

« On ne s'attendait pas vraiment à voir Helga à cet endroit-là ! »

En effet, à travers un trou pratiqué dans son pantalon par le petit dinosaure, on aperçoit un visage de femme à l'air peu commode sur les sous-vêtements du Docteur.

« Il vaut mieux pour toi qu'Helga ne voit pas ça ! Maintenant, recrache mon fond de pantalon ! Ça suffit, lâche-moi ! Arrête !

- Je crois que Terry ne fait pas la différence entre ta barbe et ton pantalon, grand-père », s'amuse Laura.

Effectivement, Terry continue de tirer sur la barbe du Docteur qui continue de le repousser. Ce duel au sommet est interrompu par l'ombre menaçante d'une imposante silhouette...

« Arrêtez immédiatement ! Vous pourriez vous en prendre à quelqu'un de votre taille, Docteur Z ! Laissez le petit Terry tranquille, ça suffit ! Et j'ai l'air épouvantable là-dessus, c'est loin d'être mon meilleur profil ! »

Le Docteur se retourne sur ses sous-vêtements l'air penaud.

« Qu'est-ce que vous auriez préféré, Helga ?

- Mon autre profil me met plus en valeur, je fais moins joufflue. »

Se tournant vers les enfants qui savouraient la scène, elle ajoute :

« Et vous, Rod et Laura, je suppose que vous n'avez pas terminé vos devoirs ? Alors dépêchez-vous d'aller

les faire ! »
Ils acquiescent en chœur, pris en faute.
« D'accord ! »
Le regard acéré d'Helga se tourne sur le Gang Alpha (Ursula, Zander et Ed) à l'abri dans un coin.
« Les saucisses de Francfort seront prêtes dans vingt minutes, c'est clair ? »
Le Gang Alpha au garde-à-vous répond :
« Très clair, saucisses dans vingt minutes ! »

Après le départ d'Helga, les trois compères se lamentent du menu et déplorent l'absence de plats un peu plus variés que choucroute ou saucisses, mais ils sont bientôt interrompus par le Docteur Z, fervent défenseur d'Helga. S'ensuit une discussion très animée sur le cas Helga, quand une voix grave les interrompt.
« Bonjour Docteur Z, comment allez-vous ? »

Surpris dans son discours le poing en l'air, il se retourne et accueille le nouveau venu.

« Seth, mon garçon, où en sont les réparations de la machine à voyager dans le temps ?

- Cela avance, mais nous avons découvert qu'il manquait certaines pièces. Nous allons devoir nous les faire livrer. »

Rod et le Docteur s'interrogent.

« Oui, mais comment ? Nous sommes dans un autre espace-temps.

- C'est vrai, ça risque de compliquer les choses. Le plus important, c'est de retrouver mes cartes de dinosaures qui ont été dispersées à travers le monde, durant le crash. »

Avisant Laura, le Docteur Z ajoute, en s'approchant :

« Qu'est-ce que tu fabriques avec ça ? C'est avec cet appareil que tu jouais, il y a cinq minutes ? »

Terry, placé derrière Laura, manifeste son mécontentement de voir le Docteur Z arracher des mains la télécommande de Laura.

« Ce n'est pas un jouet ! C'est du matériel scientifique sophistiqué, pas touche ! »

Lequel matériel scientifique se manifeste par des bips et l'affichage d'un point sur la carte et tout le monde se rassemble autour de l'objet scientifique non identifié.

« Qu'est-ce que ça veut dire ?

- Une des cartes vient d'être localisée », précise Rod.

Le Docteur Z s'enflamme à nouveau, brandissant l'appareil !

« Je savais que ça marcherait ! Il n'y a plus qu'à récupérer cette carte ! »

CHAPITRE 5

On peut le garder ?

De retour à la maison avec Zoé, Max parle de sa découverte à son père, en appliquant un pansement sur son nez grignoté plus tôt par le « monstre » Chomp.

« Tu prétends que c'est un vrai tricératops ?

- Il n'y a aucun doute, Chomp est tout ce qu'il y a de réel.

- Tu lui as donné un nom ?

- Chomp. C'est le bruit qu'il fait quand il mâchouille tout ce qui lui tombe sous le museau, précise Zoé en regardant la petite bête qui tente de grignoter la terrasse, après être tombé du banc qu'il essayait de mâchonner.
Le docteur Taylor se penche sur la capsule brisée et la carte ramenées par Max.
« Une carte qui se transforme en dinosaure... Et cette carte-là, à quoi peut-elle servir ?
- Je ne sais pas ! Je l'ai trouvée à côté de celle de Chomp. Et toi, tu as une idée ?
- Non, je n'ai jamais vu ce genre de choses.
- Mais c'est toi le spécialiste des dinosaures, papa, pas moi ! »
Max pose sa tête sur ses bras croisés, tristement. Le docteur Taylor se redresse fièrement, les mains sur les hanches.
« C'est vrai, et dans ce domaine, je pensais avoir tout vu, mais c'est la première fois que j'entends parler

d'un bébé dinosaure sorti d'une carte. »

Rex se permet de rectifier son père :

« C'est un adulte qui a jailli de la carte. »

Abasourdi, le père des garçons se met à chercher partout le tricératops en question.

Max le remet sur la bonne voie.

« Non, c'est en manipulant ceci que Chomp devient adulte. Tiens. »

Max tend à son père la pierre qui contrôle la transformation de Chomp. Le docteur Taylor commence à la manipuler sans grand résultat, malgré les explications de Max. Chomp reste petit et mignon et totalement étranger à la conversation. Il bâille d'ailleurs à s'en décrocher la mâchoire.

« Attends, donne. »

Max récupère la pierre, tourne le bouton et Chomp s'évanouit dans les airs. Après un scan de la carte, le tricératops grandeur nature réapparaît... dans le jardin de la famille ! Zoé s'affole !

« Max, renvoie-le d'où il vient ! »

Max s'exécute et Chomp redevient petit et toujours aussi peu concerné par ce qui l'entoure. Tout le monde soupire de soulagement devant la miniature. Le docteur Taylor est positivement ravi.

« C'est une découverte incroyable ! »

Cependant, un petit souci s'impose à son esprit.

« Mais pour l'instant, il vaut mieux que cela reste entre nous. Pas un mot à ta mère. Si la nouvelle se répand, cela risque de semer une vraie pagaille. C'est compris ? » demande-t-il sur un ton de conspirateur, un doigt sur la bouche.

Les enfants surpris acquiescent juste au moment où la porte-fenêtre s'ouvre sur la maman de Max et Rex.

« Le petit-déjeuner est prêt ! Tiens, je ne savais pas que tu étais là, Zoé !

- Je viens juste d'arriver. »

Chomp s'approche de la maman de Max en remuant la queue.

« Et qui est cet adorable petit bonhomme ? »

Chomp lui répond par un petit cri, mais se fait rapidement attraper par le docteur Taylor, plutôt gêné.

« Oh lui ? C'est Chomp.

- Je n'avais jamais vu un chiot comme lui.

- C'est rare, en effet. Il a suivi Max jusqu'ici. Tu serais d'accord pour qu'on le garde ? »

Chomp n'est pas vraiment très content d'être dans les bras du docteur et se débat. **"CROC"**. Il le prouve donc en mordant à plein bec dans l'avant-bras du père de Max, qui grimace de douleur en silence.

« Oui, pourquoi pas ! À condition que Max s'occupe de lui, bien sûr !

- Oui, avec plaisir !

- Parfait ! Allons déjeuner avant que ça ne refroidisse.

Zoé, tu peux te joindre à nous, si tu veux. »

Au mot déjeuner, Chomp saute des bras du docteur en remuant la queue pour suivre la maman de Max. Et puis non : s'arrêtant en route, il mord dans le mollet du docteur. "CROC"

Max et son père se mettent d'accord.

« Tu es sûr de vouloir le cacher à maman ?

- Oui, il ne faut rien dire pour l'instant. »

CHAPITRE 6
Terry

Devant une carte du monde centrée sur le Japon, l'équipe du Docteur Z prépare son plan.

« La carte a été localisée à environ mille cinq cent miles, au nord, annonce Seth.

- Parfait ! s'exclame le Docteur Z, la blouse volant au vent de son impatience. Il est temps de lancer notre première opération de récupération de dinosaures.

Vous êtes prêts, Gang Alpha ? Prenez Terry avec vous ! Il nous sera utile pour capturer ce dinosaure et le ramener. Tâchez de ne pas me décevoir ! »

Galvanisé par l'énergie du Docteur Z, le Gang Alpha accepte et salue :

« Vous pouvez compter sur nous !

- Vive le Gang Alpha ! »

Pendant ce temps, chez nous...

Dans le laboratoire du docteur Taylor, l'ordinateur annonce des résultats de recherche, affichant les plans d'un appareil où se placerait la pierre de Max.
« Chargement des données effectué. Recherche du fossile en cours. Poste deux-zéro-neuf-huit. »
Le père de Max se tourne vers son assistante.
« Des résultats, du côté du logiciel d'adaptation ?
- Non, pas encore. Mais ce logiciel devrait pouvoir décoder toutes les données contenues dans cette puce. Qu'est-ce qui vous fait croire que cette puce renferme l'esprit d'un dinosaure ? Comment en êtes-vous arrivé à cette conclusion, expliquez-moi. »
C'est plus qu'il n'en faut et le docteur Taylor se lance dans des explications imagées :
« Je suis ravi que vous me posiez la question, Reese. Ces pierres ont été gravées il y a cinq millions d'années, au moment où les dinosaures ont disparu. Mes recherches montrent qu'elles émettent une

forme de connaissance. Il semblerait que l'esprit d'un dinosaure ait été, d'une manière ou d'une autre, compressé à l'intérieur de ces pierres, juste avant de disparaître. Ensuite, on y a introduit une puce extrêmement sophistiquée. Je ne sais pas qui l'a mise au point, mais cette puce permet de transformer un dinosaure en carte ! Voilà ma théorie ! »

L'assistante termine de taper sur son clavier et se lève de son fauteuil, laissant le docteur seul et déconfit.

« Reese ? Rien à faire, elle est blasée. »

Dans l'océan qui borde la ville où habite Max et sa famille, un périscope apparaît à la surface de l'eau.
« Destination finale en vue ! Préparez-vous à faire surface ! »
Ursula, capitaine improvisé de l'équipage, donne ses ordres. Le submersible remonte d'un coup à la surface... juste sur le chemin d'un énorme paquebot !
« Je n'ai pas dit de remonter tout de suite ! »

***

Un frisbee traverse le parc, bientôt suivi par Chomp. La D-Team a investi la zone de verdure près de l'océan pour s'amuser avec Chomp.
"CROC"
« Bien joué, Chomp ! »
Assis sur une marche, Zoé et Rex regardent Max et Chomp qui jouent tous les deux, comme un maître et son chiot. Ils arrivent à la conclusion que le rapport entre Max et Chomp provient de la pierre qu'il a

trouvée et se demandent ce qu'ils vont découvrir avec les autres pierres. Cependant, un détail ennuie Rex : « Le problème, c'est qu'on n'a pas en notre possession les cartes qui correspondent.

- Peut-être que ces cartes existent mais qu'elles ont été égarées ou cachées, qui sait ? », propose Zoé.

Une clameur leur provient du bord de mer. Les passants ont aperçu une ombre dans l'eau qui se dirige vers le rivage. Ils accourent sur la promenade, bientôt rejoints par Max, et contemplent l'eau, cherchant à deviner ce qui s'approche.

Et là, un tyrannosaure émerge des profondeurs…

Pendant ce temps, dans l'eau, le Gang Alpha flotte sur les débris du sous-marin de location qui a mal pris sa rencontre avec le paquebot. (Nous passerons les détails de leur conversation, car elle n'est pas très intéressante.)

CHAPITRE 7

L'attaque du tyrannosaure

Zoé annonce doctement :
« Le tyrannosaure est un excellent nageur.
- Incroyable ! » réplique Max.
Chomp montre les dents. Rex préfère recentrer le débat. « Il va falloir remettre cette conversation à plus tard. Courez ! »
D'un bloc, ils se retournent et se mettent à courir, suivis

par le tyrannosaure grondant.

« Attention, il nous suit !

... Bien vu, Zoé !

- Séparons-nous ! lance Rex.

- Bonne idée ! »

Nos trois amis partent dans des directions différentes, Max portant Chomp dans ses bras.

Il tombe sur son père, qui tient une arme étrange.

« Un tyrannosaurus rex ! »

Le docteur Taylor semble particulièrement emballé par cette rencontre, lui !

« Recule et observe. Laisse faire le professionnel ! »

Il se précipite face au dinosaure furieux.

« Bonjour, monsieur le dinosaure. Ravi de te rencontrer. C'est 65 millions d'années qui se présentent à moi. Je ne te laisserai pas t'échapper ! »

Le père de Max tend son arme, qui se déplie pour former un terrifiant et acéré filet à papillons. Il le brandit

puis court vers le tyrannosaure et l'abat violemment sur la gueule de l'animal préhistorique.

« Je te tiens ! »

Le dinosaure soulève un sourcil ennuyé et ouvre la gueule, poussant un hurlement pour bien faire.

« Ce n'est pas au point ! » constate le docteur Taylor, en regardant tomber les fragments de son arme réduite en miettes... Il s'accroupit pour se protéger, mais le tyrannosaure le passe sans s'intéresser plus que ça à son farouche opposant.

« Pourquoi ai-je soudain l'impression que c'est après moi qu'il en a ? » dit Max.

Chomp agite les pattes, l'air menaçant, mais Max tourne les talons pour aller se cacher dans la buvette derrière lui. Mais le tyrannosaure en a bien après lui car, d'un coup de tête, il réduit en bûchettes la petite cabane de bois. Max, terrorisé, garde Chomp serré contre lui tout en invectivant le dinosaure.

« Va-t'en ! Laisse-nous tranquille ! On ne t'a rien fait ! »

Le museau du tyrannosaure se rapproche dangereusement de Max, qui lâche Chomp en essayant de s'échapper. Chomp, bien campé sur ses pattes, est fermement décidé à combattre l'énorme dinosaure. Il lui saute au museau et le lui mord à plusieurs reprises. De rage, le tyrannosaure secoue la tête et envoie Chomp dans les airs. La petite bête s'écrase contre un arbre et reste allongée sur le sol, sonnée.

« Chomp, ça va ? Non, ne le touche pas ! »

Le tyrannosaure délaissant Max s'approche de Chomp, inanimé. Le docteur Taylor lance un objet à Max.

« C'est quoi ce truc ? demande Max.

- C'est un appareil conçu pour agir comme ta pierre, mais c'est plus facile à utiliser ! »

Fouillant dans son sac, il exhume une sorte d'annuaire qu'il envoie à Max.

« Tiens ! Voilà la notice ! »

Elle s'écrase aux pieds de Max avec un bruit sourd.

Celui-ci, interloqué, décide de jouer la carte de la confiance en soi.

« Je la lirai plus tard ! »

Il pianote sur l'appareil et Chomp disparaît dans sa carte et se retrouve dans la main de Max, qui, d'un grand geste, la fait passer dans la machine.

« Allez, c'est parti ! »

Un éclair plus tard et Chomp redevient le tricératops grandeur nature du début. Il se jette sur le tyrannosaure et le pousse sur la route. Les deux dinosaures se battent férocement, tandis que les voitures freinent

en catastrophe pour éviter les deux monstres.

Le Gang Alpha émerge de l'eau, épuisé, quand un rugissement les fait réagir.

« Terry ?! » s'exclame Ursula.

Terry (car c'est bien lui) attrape Chomp par une corne et le jette à terre. Peinant à se relever, Chomp regarde s'approcher le tyrannosaure rugissant...

CHAPITRE 8

Dino-pod

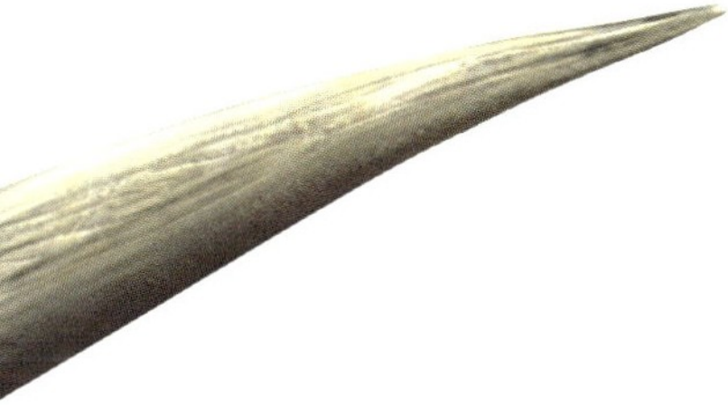

« Oh, Chomp ! s'inquiète Max.

- Désolé Max, mais un tricératops n'a aucune chance de battre un tyrannosaure, explique le docteur Taylor

- Comment l'aider ? »

Max est désemparé. Le Dino-pod qui affichait la carte de Chomp clignote rouge, indiquant par là que le tricératops est en bien mauvaise posture. Constat confirmé dans la réalité alors que Terry s'acharne sur Chomp et le roue de coups de pattes violents.

« Il y a forcément un moyen de sortir Chomp de là ! » raisonne Max.

Il pianote désespérément sur le Dino-pod quand soudain la carte de Chomp, bardée d'éclairs, qui accompagnait la première, sort de l'appareil.

« Je ne connais pas l'effet de cette carte, mais je l'ai chargée dans le Dino-pod, à tout hasard. Je crois que c'est le moment ou jamais de l'essayer ! dit le docteur Taylor.

- Qui ne risque rien, n'a rien... » annonce Max en scannant la nouvelle carte.

Chomp, qui subissait les coups répétés de Terry, se met à briller d'un éclat doré, éblouissant son assaillant qui recule. Le ciel se couvre au-dessus des deux combattants et un éclair vient frapper Chomp, qui électrisé par tant d'énergie, se cabre en poussant un rugissement menaçant. Les trois enfants n'en croient pas leurs yeux et poussent une exclamation de surprise.

Chomp n'en reste pas là. Il charge Terry, l'énergie

électrique crépitant sur sa peau, et donne un grand coup de tête cornue dans la poitrine de Terry, créant une boule d'énergie qui terrasse le tyrannosaure et l'envoie voler à travers le ciel. Retombé sur la berge, il tente de se relever misérablement et, n'y parvenant pas, disparaît dans sa carte, qui retombe doucement sur le sol. Chomp, épuisé par cet exploit, inspire difficilement et s'effondre au sol, redevenant, lui aussi, une carte.

Max accourt pour la récupérer.

« Je te tiens !

- Est-ce qu'il va bien ? s'inquiète Zoé.

- Fais un essai. »

Suivant la demande de Rex, Max scanne prestement la carte dans le Dino-pod.

Et là, devant leurs mines soucieuses, la petite bouille de Chomp réapparaît doucement.

« Ça va, Chomp, tu n'as rien ? demande Max. Oh,

doucement… »

Le petit dinosaure mordille le nez de Max, en remuant la queue. Zoé est soulagée.

« Non, il va bien. »

Rex est intrigué.

« Ce tyrannosaure s'est transformé en carte, lui aussi, je n'ai pas rêvé ! »

La carte en question est ramassée par une main gantée d'écarlate.

Ursula s'écrie.

« Vous êtes qui pour compromettre une mission de la plus haute importance ?
- Je m'appelle Max. Et vous, qui êtes-vous ?
- Nous sommes le Gang Alpha.
- Sorti tout droit de ton pire cauchemar !
- La différence, c'est que tu ne dors pas !
- Je suis si… Ursula !
- Je suis le sublime Zander !
- Ed, c'est moi ! »

Cette présentation, agrémentée de mouvements de bras, se termine sur des poses ridicules qui n'impressionnent en rien la D-Team.

« Tu comprends ce qu'ils disent ? demande Zoé.
- Ils n'essaieraient pas de nous menacer ?
- Ben, je ne sais pas trop. Qu'est-ce que vous attendiez de nous ? » les interpelle Max.

Ursula s'énerve.

« Ça, c'est à vous de le découvrir ! Nous, on le sait déjà,

petits futés ! Mais si vous nous cassez à nouveau les pieds, je vous expliquerai ! On file ! »

Et sur ces paroles, le Gang Alpha se retire au pas de course, laissant les trois enfants un peu perplexes.

« Elle était vraiment bizarre ! énonce Max.

- Qui ? La vieille femme ? » s'enquiert Zoé.

Cette phrase fait bondir Ursula qui revient aussi vite qu'elle est partie et s'écrie :

« Je vous demande pardon ! Qui m'a traité de vieille femme ? Je ne suis pas si vieille ! Je suis née dix minutes avant toi, maximum ! »

Zander et Ed reviennent eux aussi, en s'excusant presque, pour emmener Ursula qui fulmine.

Max se tourne vers son père.

« Dis papa, c'est quoi au juste ?

- C'est un Dino-pod.

- Il agit comme la pierre ?

- Je parie qu'il permet plus de choses ! s'exclame Rex.

- Ce que tu vois ici, c'est un adaptateur. Ça traduit les pensées des dinosaures en paroles.
- Ils peuvent nous parler, c'est vrai ? » demande Max

Farfouillant dans son sac, le docteur Taylor lui tend une machine.

« Tout à fait. J'ai également des Dino-pods pour Rex et Zoé. »

Les enfants sont enchantés, mais à peine ont-ils leur Dino-pod dans les mains qu'une lueur les inonde, jaune pour Max, bleue pour Rex et verte pour Zoé, rappelant leur premier contact avec les pierres, dans la forêt. Et là, à la grande surprise de nos amis, retentissent des voix étranges semblant venir de nulle part...

« S'il vous plaît, aidez-nous ! Aidez-nous ! Aidez-nous ! »

Max, Rex et Zoé se regardent, cherchant l'origine des voix. Qui peut donc bien leur adresser cet appel au secours ?

À suivre...

LES AVENTURES DE DINOSAUR KING

ISBN : 978-2-35100-620-7
Loi n°49-956 du 16 juillet 1949
sur les publications destinées à la jeunesse.
Dépôt légal : octobre 2010.
Achevé d'imprimer en Europe.